Virando Gente
A história do nascimento psíquico

Ivanise Fontes ★ Maïsa Roxo
Maria Cândida S. Soares ★ Sara Kislanov

★ Virando Gente ★
A história do nascimento psíquico

Editora
IDEIAS &
LETRAS

Direção Editorial:
Marcelo C. Araújo

Comissão Editorial:
Avelino Grassi
Edvaldo Araújo
Márcio Fabri dos Anjos

Copidesque:
Ana Aline Guedes da Fonseca
de Brito Batista

Revisão:
Thiago Figueiredo Tacconi

Capa e Diagramação:
Érico Leon Amorina

Ilustrações:
Rosária Maria Moreira T. Ferreira

Curta-metragem:
Giroscópio Filmes

Todos os direitos em língua portuguesa, para o Brasil, reservados à Editora Ideias & Letras, 2021.
5ª reimpressão.

EDITORA IDEIAS & LETRAS
Rua Barão de Itapetininga, 274
República - São Paulo /SP
Cep: 01042-000 – (11) 3862-4831
Televendas: 0800 777 6004
vendas@ideiaseletras.com.br
www.ideiaseletras.com.br

Dados Internacionais de Catalogação na Publicação (CIP)
(Câmara Brasileira do Livro - SP - Brasil)

Virando gente: a história do nascimento psíquico /
Ivanise Fontes, Maísa Roxo, Maria Cândida S. Soares, Sara Kislanov.
São Paulo: Ideias & Letras, 2014.

ISBN 978-85-65893-58-9

1. Psicanálise 2. Psicanálise - História
3. Psicanálise - Interpretação 4. Relações humanas
I. FONTES, Ivanise. II. ROXO, Maísa. III. SOARES,
Maria Cândida S., IV. KISLANOV, Sara.

14-04151 CDD-150.195

Índice para catálogo sistemático:

1. Psicanálise : Psicologia 150.195

★

*Aos nossos filhos:
Victor, Leo, Renata, Clara, Pedro,
Pietra, Rafael, Marcio e Diego.*

Aos netos: Olívia, Felipe, Mariana e Rodrigo.

Aos nossos pacientes.

★

Apresentação

De início, este livro pretendia ser um manual, um guia sobre como nasce o psiquismo de cada ser humano. Depois, consideramos melhor apresentar nossa intenção com outro formato: uma descrição do ponto de vista de um bebê sobre sua trajetória para nascer psiquicamente. Tornou-se algo de cunho preventivo, profilático, útil para todos que têm a grande tarefa de lidar com os bebês. Assim, há quatro anos começamos esse trabalho, que hoje, com muita satisfação, se concretiza!

Somos um grupo de quatro profissionais, psicólogas e psicanalistas, envolvidas nesse projeto: Ivanise Fontes (coordenadora), Maïsa Roxo, Maria Cândida Sobral Soares e Sara Kislanov.

Vários autores psicanalistas serviram de referência teórica, entre os quais F. Tustin, D. Anzieu, G. Haag e D.W. Winnicott. Destacamos aqui a Dra. Geneviève Haag, francesa, uma das fundadoras do GERPEN – Grupo de Estudos e Pesquisa de Crianças e Bebês. Seu trabalho de observação de bebês, segundo o método de Esther Bick, por mais de 25 anos, e sua clínica com crianças autistas,[1] puderam confirmar uma série de aspectos corporais constitutivos do nascimento do eu.

---

1 Ver nota inicial em seguida ao texto técnico, p. 43.

Contamos com a colaboração da psicóloga Dra. Denise Streit Morsch para esclarecimentos sobre alguns detalhes na maturação do desenvolvimento de um bebê.

O livro recebeu então um título: *Virando gente – a história do nascimento psíquico,* e possui quatro partes:

1. A história contada pelo bebê Bruno sobre as experiências desde sua gestação até cerca de 1 ano e 3 meses, para alcançar a discriminação *eu/não eu* e sentir que *virou gente*;

2. Um texto técnico, com explicações de autores especializados e suas citações bibliográficas, dirigido àqueles que quiserem aprofundar-se na fundamentação da história contada por Bruno;

3. Uma bibliografia geral sobre o tema;

4. O curta de animação de 10 minutos com nosso personagem mostrando, numa síntese, as principais cenas da evolução do surgimento do *eu*. Foi realizado pela produtora Giroscópio Filmes, com roteiro adaptado do texto da história escrita pelas autoras deste livro. Roteiro e direção de Analúcia Godói, *design* de personagem e animação de Rosaria, trilha sonora de Duda Larson e voz de Arnaldo Mendes. Uma observação se faz necessária: sendo um roteiro muito resumido de todo o processo, o filme tem a liberdade poética, com suas imagens, de não seguir uma ordem cronológica tão rigorosa do desenvolvimento do bebê em seu nascimento psíquico. Para conhecer certos detalhes, de forma mais precisa, a leitura da história no livro é fundamental. Temos que considerar, inclusive, que muitos dos aspectos vivenciados ocorrem simultaneamente, o que impede a sequência fiel da exibição.

Agradecimentos

À generosidade da psicanalista Mme. Geneviève Haag por se dispor a orientar e corrigir o texto onde Bruno narra sua história do nascimento psíquico; nos encontros com a psicanalista Ivanise Fontes, em seu consultório em Paris.

Ao tradutor público e intérprete comercial, Procópio Abreu, responsável por traduzir para o francês o texto que possibilitou tal leitura.

Aos colegas/alunos dos seminários de estudo coordenados por Ivanise Fontes, pelo interesse e troca de ideias sempre estimulantes para a confecção deste trabalho.

Aos colegas/analistas que, tendo em comum o mesmo ponto de vista sobre a importância do sensorial na constituição do psiquismo, reforçaram nossa iniciativa, valorizando sua utilidade nos cuidados com essa tenra idade.

Finalmente às colegas Sara Lipman e Miriam Baron por nos fornecerem, em momentos diferentes, a expressão "virando gente" que se adequou perfeitamente ao que queríamos demonstrar.

Ao nascer, o bebê, experimentando novas sensações, depara-se com a necessidade de garantir a continuidade da existência. Este será o ponto central da história aqui contada. Várias separações irão se efetivar e são, de início, corporais e necessárias para o desenvolvimento. Mas a cada uma delas o bebê recém-nascido vai precisar certificar-se de que está vivo e seguro. No percurso em direção à existência, um *eu* irá surgir discriminado de um *não eu*. O nascimento psíquico acontece, então, "o bebê vira gente", sente-se bem na sua própria pele.

Para que o fio de continuidade da existência seja assegurado, vários processos estão envolvidos, tanto no próprio corpo do bebê quanto através do corpo de quem o cuida, no caso, inicialmente, a mãe. Vamos considerar a figura materna como o principal ponto de partida porque é de seu corpo biológico que o bebê viverá sua primeira separação. A figura paterna é, de início, o apoio essencial para que essa dupla mãe/bebê aconteça. Certamente podemos transpor muitas dessas mesmas experiências aqui apresentadas para aqueles que vão cuidar do bebê, como o próprio pai, os parentes, profissionais de creche, babás, professores. A palavra--chave será continência. É na busca dessa gradativa experiência de continência que o bebê poderá confiar corporal e psiquicamente em sua sobrevivência. Ao final desse percurso um envelope corpóreo-psíquico dará ao bebê a certeza de não sucumbir às angústias muito primitivas de liquefação, de queda e de explosão. Poderá sentir que existe um *em volta* de si. Assim, mais integrado, o *eu* emerge e, segundo alguns autores, ele é esférico. Essa integração é sentida como algo circular e as crianças, mais tarde, o demonstram ao desenharem o círculo para se autorrepresentarem.

***

Considerar que os bebês desde muito cedo apresentam capacidades motoras de virar a cabeça e sugar o seio, identificar o cheiro do leite da mãe, buscar estimulação sensorial, distinguir um estímulo do outro, sorrir, manter-se numa "inatividade atenta", como denomina o psicanalista Daniel Stern, são fatos já bastante disseminados e não estarão expostos neste livro. Fazem parte de muitos dos livros sobre bebês de orientação pediátrica, próprios da puericultura.

Sabemos, é claro, que sem esse desenvolvimento psicomotor nada poderia acontecer. Vamos tratar aqui da gestação psíquica, mas que está estreitamente relacionada ao desenvolvimento corporal, desse corpo sensível.

Algumas ações fisiológicas também não foram incluídas, como: urinar, defecar, sua higiene correspondente (uso de fraldas, cuidados com assaduras...).

Nosso objetivo é o de ressaltar a importância da experiência sensorial na gênese da vida psíquica. Ela é realmente o fundamento do afeto e do pensamento. Portanto, é o corpo sensível que está de forma essencial na origem do psiquismo.

A idealização deste livro surgiu da observação e estudos sobre os pacientes que chegam hoje em nossa clínica com as "novas doenças da alma" (J. Kristeva)[2]

---

[2] KRISTEVA, J. *As novas doenças da alma*. Rio de janeiro, Ed. Rocco, 1993.

características de nosso tempo – personalidades aditivas, somatizantes, os casos-limite e certos quadros de depressão, justamente aqueles que não possuem um ego consolidado. Nessas psicopatologias o indivíduo vai necessitar criar um envelope artificial de continência, que funcione como uma prótese psíquica, isto é, como se fosse um *eu*.

Encerramos esta apresentação com a frase de outra autora francesa, Myriam David, psicanalista que contribuiu na criação de instituições de tratamentos para bebês na França. Foi também uma das colaboradoras do Instituto E. Pickler (originalmente fundado em Budapeste, mais conhecido como Maison de Loczy).

"O bebê passa de um estado onde está submetido à vida sem ter consciência para um estado onde toma consciência de que ele vive, torna-se atento e experimenta prazer e desprazer. É o despertar para a vida."[3]

---

[3] DAVID, M. *Vie Affective et Problèmes Familiaux* (Vida afetiva e problemas familiares). Ed. Dunod, Paris, 1998, p. 19.

Parte I

O que todo mundo tá comemorando aqui hoje é o meu aniversário, que foi o dia em que eu nasci pra eles...
mas sabia que teve um dia que eu nasci pra mim?
Não, não foi um dia não, foi aos pouquinhos...
começou quando eu ainda estava na barriga da minha mãe e foi até um pouco depois do meu primeiro aniversário. Foi a minha "gestação psíquica"! Eu posso contar como foi, me lembro bem das sensações!

Estou aqui, flutuando numa "bolsa d'água". Posso me mover, rodar e sigo crescendo..., contornado por este líquido que me apoia. Algumas vezes chegam sensações por este tubo na minha barriga. É o alimento que vem direto.

Às vezes, uma pequena parte de mim se movimenta, encosta-se e entra para dentro de mim. É bom e mais tarde vou descobrir que é meu dedo na minha boca! De repente, relaxo e durmo.

Sinto a vibração de batidas ritmadas aqui dentro. Depois me disseram que ora era o meu coração batendo rapidinho, ora o coração da minha mãe, batendo compassado: *Tum, Tum, Tum*! Dou cambalhotas, fico encostado na parede, confortável e assim permaneço por um tempo – a cabeça, o pescoço e as costas em arco, me sentindo apoiado. É bom...

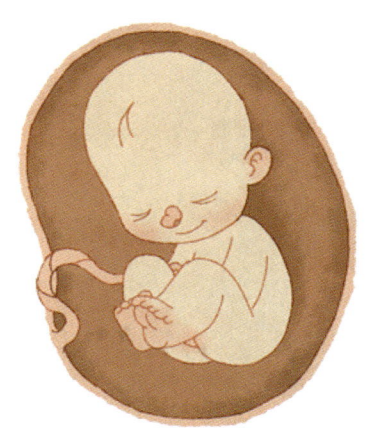

Ouço um barulho engraçado, não é constante, são borbulhas passando por um cano, depois soube que era o intestino de minha mãe funcionando. Ficava ao meu lado, vizinho da bolsa: *Brum, Blog, Blow*!

Estou com 21 semanas de feto e começo a ficar intrigado: que coisas esquisitas todos esses sons diferentes. Estou sentindo que há algo fora, fora de mim... É um leve sinal, um certo sentimento de existência, muito inicial...

E de repente um som mais estridente! Um sobressalto! Atravessou a parede que me protege e chegou a mim! Estiquei meu corpo e minha cabeça caiu para trás. Estou na posição contrária àquela do arco, fico tenso e retesado, isso dura um tempo e é muito desagradável!

Aos poucos descubro que tudo fica mais agitado ou mais calmo. Quando mais calmo, aproveito para me movimentar mais, sinto meu coração bater mais rápido, respiro com mais frequência. Acho que é quando minha mãe mais sonha...

Recebo sensações vindas de várias partes do meu corpinho ainda em construção: músculos, articulações, mãos. Tudo isso vai se juntando e ganho cada vez mais movimentos. Esse é o meu repertório motor! Engraçado é que minha mãe faz comentários sobre isso que eu estou experimentando! Às vezes reclama, mas na maioria das vezes gosta e eu chego a sentir que ela me acaricia, massageando sua barriga!

Um som agradável, carinhoso, vem de fora, me envolve. Ouvi a voz de minha mãe! Sem saber que era ela... De vez em quando volta... Começo a sentir essas novidades...

Ouço outros sons novos, e não estão tão próximos, mas se repetem. Começo a desconfiar que existe vida lá fora...

Ué? Ficou mais claro aqui dentro. Dou voltas com meu corpo sentindo esse claro/escuro e é uma sensação maravilhosa. Dizem que é a minha primeira experiência estética. UAU!!!

E assim continuo até ficar muito apertado aqui dentro. Tenho que sair, já não há espaço para cambalhotas, fico um pouco mais quieto. Aí vem uma nova sensação, sei que tenho que fazer muitos movimentos, com bastante vontade, mas os movimentos do corpo de minha mãe me ajudam. Já sei, são as contrações, elas vão me ajudar. Também está saindo toda a água que me abraçava, ela vai passando por todo o meu corpo e vai saindo. A bolsa estourou!

Vou sair. Estou saindo! Saí!

Cheguei ao *mundo*. Do lado de fora da barriga, sinto que o tubo que me ligava à minha mãe se rompeu. Não existe mais. As sensações são novas. Choro. Respiro, entra ar nos meus pulmões, nenhuma água mais à minha volta. É estranho, tenho peso...

Passei do meio aquático para o meio aéreo!

A temperatura é outra, e vai se modificando, sinto na minha pele a diferença. Cheiros, sons, luzes, de forma difusa vou sentindo esse novo ambiente que na verdade não sei direito ainda o que é. É preciso rapidamente ser envolvido com uma manta, senão eu sinto que vou cair ou me derramar.

Uma luz forte me alcança. Fecho os olhos, assim me defendo do brilho intenso. Aos poucos vou experimentando olhar, mesmo sem ver nitidamente (só mais tarde vou conseguir) e aprecio. Que lindo! Um deslumbramento! Essa é uma nova experiência estética. No futuro vou ter esse mesmo gosto pela beleza!

No colo, encontro no seio da minha mãe uma sensação de satisfação parecida com a que vinha daquele tubo na minha barriga. É diferente, agora eu tento até olhar nos olhos da minha mãe. Vejo seu rosto contornado pela linha onde começa o cabelo.

Nasci pra eles! E recebi o nome que meus pais já tinham escolhido para mim: Bruno.

As sensações são boas! Está valendo à pena! Durmo bastante, acordo, mamo, sugando o seio da minha mãe, sinto seu cheiro, ouço sua voz que já me era familiar.

Parece, por momentos, uma continuidade do que vivi antes... Só não gosto quando há muito barulho, vozes altas...

Aos poucos vejo que algo se movimenta: é a boca da minha mãe. Fico sério e acompanho o que ela faz.

Minha primeira imitação! Minha mãe põe a ponta de sua língua para fora. Faço igual. Já nasci com essa capacidade de imitar movimentos!

Outra em seguida – Se ela abre a boca, abro também! É automático! Depois vou ficar ainda melhor nisso...

Estão me despindo, vou ficando sem roupa, é estranho, nada agradável, parece que estou caindo. Começo a chorar. Ao entrar na água tenho a sensação que posso me dissolver. Uma voz me acalma e uma mão segura com firmeza meu corpo. A água vai aos poucos contornando meu corpo, relaxo. Fica bom... então, tomo banho. Eu não sabia ainda que meu corpo era todo grudado...

Retiram-me da água e cerro os punhos. Será que preciso me agarrar? Onde? Encontro um tecido, a blusa de minha mãe. Fico tenso, quieto e se isso demorar choro de novo. Num movimento rápido, sou enrolado numa toalha felpuda por minha mãe. Estou *envelopado*!

Agora é só me vestir com meu pijama de malha que eu fico relaxado. Melhor ainda se me colocam nesse pano que é o cueiro. Acho bom estar contornado por esse tecido macio, não fico solto.

Brinco com meu ursinho de pelúcia, ele é muito macio. Gosto muito de seu pelo tocando na minha pele, uma ternura...

Sou carregado de um lado para outro. Tenho por vezes um tremor no corpo. Parece que estou caindo. Lá dentro de minha mãe eu estava sustentado, não despencava. Agora não tenho essa certeza... É como se eu estivesse caindo no espaaaaaaço!

Nesses momentos os braços firmes da minha mãe vêm em meu socorro. Em seu colo, bem apoiado com a nuca, o pescoço e as costas amparadas sinto um alívio! Do mesmo jeito que eu ficava encostado na parede do útero. É igual!

Ouço outra voz. Já conheço. É meu pai que está junto à minha mãe. Isso a deixa tranquila. Acho que estão falando de mim...

Mamando, brinco de dar tapinhas no seio, afundando minha mão na pele macia da minha mãe. Nossos olhos se encontram. Somos uma só pele, tudo misturado. Eu penso ainda que sou um só com ela. Acho que ela também gosta de estar assim. Parece até que com esses poucos movimentos, estamos dançando...

Às vezes me sinto cheio de ar. Tão estufado... Parece que vou explodir! São gases intestinais, me disseram...

Tenho cólicas. Vejo na expressão do rosto de minha mãe o meu reflexo. Sinto dor e ela me olha, franze a testa parecendo estar sentindo o que eu sinto. É um espelho!

Novamente é o colo da minha mãe que me conforta, sua pele macia, seus braços à minha volta, fazendo um ninho, me contornando. Sinto-me seguro, não vou explodir. Durmo...

Tenho dois meses, e de olhos mais abertos, agora, já consigo ver os olhos de quem cuida de mim... Olho e encontro um olhar que retorna para mim, parece um vaivém.

Recebo o olhar da minha mãe. É envolvente e penetrante. Parece com um bico de pássaro colocando um algodão na ponta! Assim fico seguro com essa troca de olhar. Sei que tem retorno. A sensação é quase tátil!

Bom também é mamar e trocar esse olhar com minha mãe. Nossas barrigas se encostam e formamos um só corpo. E tem uma coisa muito legal – o vaivém do bico do seio na minha boca acompanha esse olho no olho. Parece uma dobra, tem ida e volta! Na verdade é como se nossas duas cabeças estivessem dentro de um círculo onde tudo acontece. Ainda não sei que tenho um corpo.

Volto a mamar. Fico de barriga cheia, quentinho por dentro. Por vezes solto o bico do seio, mas ele continua lá, não o perdi. Ele vai e volta, num ritmo ondulado. Bom estar aqui. É um encaixe perfeito: bico do seio na boca!

Minha mãe me segura no colo e minha cabeça fica bem apoiada em seu braço enquanto mamo. Posso, então, fixar meus olhos nos seus, eles me sustentam! Não vou ficar com o olhar vago, perdido.

Minha mão toca o seio. Ela se fecha entre o bico do seio e a boca, como se eu estivesse tocando trompete e assim fico... Dessa maneira sinto que o bico é a continuidade de minha boca. Bela sensação!

Fico deitado no berço, quietinho e, de repente, surge alguma coisa na minha frente. Ela se movimenta. Repito o que acabo de fazer, o que vai acontecer? Faz parte de mim? É minha mão! Olho demoradamente. Abro-a, fecho e faço um gesto arredondado com ela, meio aberta. Está a um palmo do meu nariz. Eu a contemplo. Engraçado, a palma de minha mão é circular.

Vou me sentindo cada vez mais contornado, parece mesmo que há um envoltório em torno de mim.

É bem verdade! Nesse face a face com minha mãe e contemplando minha mão começo a ter a sensação de uma esfera, como se eu sentisse que ela me contém.

Aí vem outro banho! Escutei o barulho que já conheço. Banheira com água, do meu tamanho! Lá vou eu... Escorrego... Água nos meus olhos, ouvidos, até na minha boca. Fecho meus olhos, franzo o nariz, balanço minha cabeça e... Ufa! A mão do meu pai me apoia nas costas, estou flutuando, me recupero do susto. Solto braços e pernas, relaxo, é bom!

Recebo uma massagem. Sinto que uma mão passa uma coisa com cheiro bom pelo meu corpo – estou todo ensaboado! Sou esfregado docemente e sinto toda a pele me envolvendo.

Ganhei uma toalha nova, tem um capuz com orelhas de gatinho. É macia e felpuda. Uma delícia ficar dentro dela, como se eu tivesse mais essa pele que me faz sentir meu corpo todo, unido, inteiro. Fico enxuto!

Choro. Minha mãe acerta mais do que erra. Sabe que estou com fome. Que sintonia! Conheço esses movimentos que ela faz.

Ela é devotada.

Mamo outra vez. Sinto então meu alimento, o leite, seguir por um tubo até chegar a uma bolsa. Isso me deixa tranquilo. Tenho um "sistema de canos" que garante que não vou escoar. Com esses tubos internos me sinto mais seguro, não sou uma peneira, que pode vazar por todos os lados...

Enquanto mamo, agora com três meses, movimento minha mão em direção ao dedo de minha mãe e o agarro. Assim fica igual a minha boca pegando o bico do seio. Ao terminar solto os dois, o seio e seu dedo!

Brincando com minhas mãos, de repente elas se encontram. As duas juntas, uma envolvendo a outra, parecem o bico do seio na boca.

Dou uma golfadinha. Fico relaxado encostado em seu ombro. É uma sensação bem-vinda. Durmo.

Acordo. Não vejo minha mãe, parece que estou sozinho. Uma sensação estranha. Estou desmanchando... Como se, por alguns instantes eu pudesse derreter, virar uma poça, me dissolver.

Ela volta. Fico "reunido" de novo!

Solto alguns sons: ah..., eh..., minha mãe ri surpresa com as minhas vocalizações e me imita! É muito bom, mostro isso para ela fazendo tudo de novo.

Fui colocado sentado, amparado nessas almofadas. Coloco minha mão na boca. Primeiro dois dedos, depois a mão toda. Ufa! Fico explorando essa sensação. Minha boca é também redonda e tem fundo.

Meu pai brinca de levar sua mão até a própria orelha. Faço o mesmo gesto, imitando, sabendo já onde está a minha, sem a ver... E meu pai fica feliz dizendo que "eu faço a mesma coisa que ele"...

Agora, sozinho no tapete, sentado no chão, sinto novamente a falta de minha mãe. Fico desorganizado e nem consigo levar a mão à boca. Tento algumas manobras para me acalmar: seguro o tecido de minha roupa, bato as pernas, mas não adianta. Ouço então sons familiares. Ela retorna, me envolve com sua fala terna. Seus braços num grande movimento redondo me abraçam, numa forma que me circunda. Depois uma das minhas mãos envelopa a outra e seguem juntas para a boca para uma sucção. Que legal! Com seu retorno, meu corpo conseguiu reencontrar aquela forma circular envolvente. E ao final vou buscá-la com o olhar.

Meu primeiro sorriso de verdade para minha mãe. Ela nem acreditou! Saiu contando para todo mundo.

A voz de minha mãe, quando fala comigo, é muito engraçada porque ela fala sozinha, pergunta e responde por mim. Também é um vaivém! Eu ainda não falo. Só posso fazer vocalizações em resposta.

Se eu pudesse desenhar o som da voz da minha mãe, nesse momento, seria assim: como as dobras da cortina, como os cachos do cabelo dela, as voltas do macarrão parafuso!

Agora olho minha mão aberta. Mexo um pouco, abro e fecho. Uma pele liga os meus dedos uns aos outros. Eles não se soltam, mas também não ficam grudados. Como quando eu mamo: é uma dobra, um vaivém. Mais tarde vou desenhar o sol e seus raios para expressar a mesma coisa

Vou dormir, ainda é dia, mas estou sonolento. À volta do meu corpo, no berço, sinto um "rolinho" macio. Ficar rodeado por essa almofada me deixa *reunido*, sem desconjuntar. Sinto as mesmas sensações que tenho quando no colo, estou aconchegado... Não fico solto.

Acordo. Estou no berço e não vejo minha mãe. Ela já não está tão pertinho de mim. Ouço sua voz ao longe. Sensação ruim. Começo a me mexer muito, aguardo, balanço os meus braços e pernas com mais força. Fiquei desmantelado.

Vejo um brilho: uma lâmpada acesa! Que bom! Meu olho agarrou nesse brilho que me juntou. Ufa, que alívio!

Estou com fome. O seio demora um pouco a chegar. Lembro da última boa mamada, uso minha língua e meus lábios e faço mímica de sugar. Até parece que o leite chegou! Humm! Assim dá para esperar.

Mamo sentindo uma ondulação: São volteios: olho no olho, o bico na minha boca e a voz dobrada da minha mãe.

De tanto que vai e volta, de forma suave, parece até que encontro sempre um ponto que me dá retorno. Tem molejo! Explico: uma impressão de anéis invisíveis que vão se formando... Reconfortante! Desenhe uma margarida com suas pétalas que vai ser igualzinho.

Dou uma bocadinha rápida no seio da minha mãe. A cada vez que solto o bico e torno a pegá-lo percorro com meus olhos uma espécie de horizonte semicircular. Parece até que aquele círculo, que já percebi antes, volta a me envolver. Sinto se formar, cada vez mais, uma esfera. Sim, é isso, é bom se sentir envelopado!

Mamo feliz e bem apoiado nas costas. Vejo que o seio e o rosto de minha mãe são redondos.

Deitado no berço, observo uma bolinha pendurada balançando em cima de mim. Admiro sua forma arredondada.

Depois fico olhando interessado para tudo que é redondo: a argola da cortina, o focinho do cachorro... Não é à toa que dizem que nossa primeira forma geométrica é a esfera.

Estava brincando e de repente colocaram uma argola colorida em torno do meu braço. Engraçado, quando olho, meu braço parece um tubo, rodeado desse círculo.

Num teatro de sensações que criei, sinto às vezes que um lado meu poderia ser o "lado-mamãe", representando os cuidados que recebi dela, e o outro lado me representaria. Então, estão reunidas minhas duas metades! Descubro que posso juntar e me soldar bem no meio. Isso só acontece porque tenho uma coluna vertebral – que é uma coisa bem sólida – como o papai.

Todos eles vêm ver meu espetáculo.

Bato uma mão na outra rindo muito. São palminhas! Eles nem imaginam que eu comemoro assim a união de minhas duas metades.

Sinto que tenho coisas em dobro em meu corpo, uma de cada lado: dois braços, duas pernas, dois olhos, até duas nádegas! E agora tudo "soldado" pela minha coluna!

Brincando com minha mão, vejo cada um de meus dedos. Eu me divirto, eles são diferentes como personagens num teatrinho, cada um tem o seu jeito. Disseram que é o meu "teatro das mãos". Mais tarde vou até vesti-los com fantoches de "dedinho". Sei que cada vez mais me sinto "encorpado", como eles...

Estou curioso, querendo observar tudo... Fiz cinco meses.

Minha mãe acha que estou meio triste. Meu pai diz que pareço sonhador. Na verdade não é nada disso: começo a nascer psiquicamente. É isso! Estou começando a perceber a diferença entre meu corpo e o mundo. Lá no útero eu já havia sentido isso, essa separação entre o dentro e o fora, mas de forma muito inicial ainda, lembram?

Agora descubro novos sons e fico repetindo: lá, lá, lá, lé, lé, lé,... Fazem dobrar minha língua dentro da boca.

Coloco minha mão na boca, sinto o dedo e o dedo sente o interior da minha boca, a língua, as bochechas, quanta novidade! Sugo o dedo como se fosse o seio.

Experimento fazer bolhas de saliva dentro da boca. Brinco com isso e tenho a sensação de que minha boca é um recipiente para as bolinhas.

Vou terminar o trabalho do eixo que me solda bem nos dois lados, começo a reunir as outras metades de meu corpo – aquela de cima com a de baixo. Seguro meus joelhos e muitas vezes até minhas mãos me ajudam e faço assim: eu prendo, eu solto bem rápido e eu gosto de largar batendo as pernas no chão. As metades estão bem reunidas, mas não são iguais!

No meu corpo também tenho dobras, são minhas articulações. Abro e fecho o braço – observo meu cotovelo que une, dobro as pernas e sinto meu joelho, como uma dobradiça.

Gosto de ficar brincando de agarrar a pata do macaquinho que está no meu carrinho: ela estica e dobra, estica e dobra. Tem também dobradiças, iguais às minhas.

Olhando para minha mão mexo meus dedos, eles se dobram, posso escondê-los fechando a mão e, se eu quiser, eles reaparecem. É sempre uma novidade!

Ativo e dono dos meus movimentos estou buscando cada vez mais contato, usando todo o meu corpo: quero pegar coisas, apertar o nariz de minha mãe, puxar seu cabelo e até morder!

Sou colocado num tapete na sala. É irresistível! Agora tudo que esbarra na minha mão eu levo à boca. É com ela que vou conhecendo as coisas...

Sentado agora, por conta própria, fico aqui observando. E sinto que algo diferente aconteceu: posso ficar longe de minha mãe. Estou me separando dela. Estou começando a "me tocar", percebo que existo separado dela. Já começo a ter uma sensação do meu corpo mais inteiro.

Passeando na pracinha, vejo um jato d'água com a luz do sol refletida nas bolinhas. O brilho me fascina. Belo, muito belo.

Nesse mesmo dia, à tarde, minha mãe se debruça sobre mim e me olha. Seu olho também tem água e brilha! Vou me encantar no futuro com as estrelas piscando no céu como se fossem olhinhos...

Um banho me espera, agora de colo, no chuveiro. A água escorre pelo meu corpo. Passam sabonete em mim, vou ficar cheiroso. Ui! Entrou no meu olho, choro, me agarro firme nesse corpo que me segura. Não vejo nada! Tenho medo de ficar assim, sem enxergar.

Depois do banho, de fraldas, me divirto com meus pés. É como se só agora eles fossem meus... Olho, trago com as mãos para perto de mim, mexo os dedos, e tento colocá-los na boca! Ufa! Consegui.

Ao comer a sopinha fico de barriga cheia e parece que tenho uma bolsa, bem no meio, que guarda a comida, não deixa vazar. O nome dela é estômago, me dirão muito depois.

Da minha cadeirinha de comer jogo uma colher no chão. Minha mãe a traz de volta para mim. Repito a ação e ela também. É muito importante saber que vai e volta!

Lá vou eu para o chão e encontro uma bola para brincar de jogar. Meu pai senta na minha frente e a rola pra mim. Faço igual e devolvo pra ele. Ficamos assim, nos divertindo. Bom saber que também tem "ir e vir".

Vi um patinho de plástico numa mesa na minha frente. Rapidamente o alcancei, agarrando com as duas mãos e o coloquei na boca. Agora "comigo é assim": trabalham unidos, olho, mão e boca!

À noite, mamando, sinto o bico do seio penetrando minha boca, muito tátil esse interior! Não sou achatado, plano, ao contrário, tenho concavidades, interiores, sou mesmo tridimensional!!! Já sabia disso desde três meses quando comecei a sentir aquela esfera em torno de mim.

Inventei um jogo com meu pai. Ou foi ele? Um levanta o dedo indicador e o outro faz igual. Escondo o dedo, fechando a mão, e ele esconde o dele também. E repetimos algumas vezes seguidas esse "jogo afetivo", achando graça. No dia seguinte ao acordar, quando ele me vê, levanto o dedo, ele ri, e recomeçamos a brincadeira. Sou capaz de guardar na memória! Não falei que ia ficar bom em imitação?!

Eu e meu pai vamos sair. Já tenho sete meses. Ele me coloca em seu ombro e seguimos pela rua. Olho tudo cá de cima. Seu corpo parece uma continuidade do meu. Ele para e eu me balanço para continuar andando com as suas pernas.

Na pracinha, quantas novidades! Coloco a pata redonda do meu bichinho dentro da boca. Minha boca serve para envolver e conter esse mundo de coisas.

Vi uma menina na rua. De repente ela estava bem perto. Ficou me olhando e eu mergulhei dentro do seu olhar. Foi penetrante!

Começo a usar meu dedo para apontar coisas. Olha lá um "au-au", mostro para a menina. E ela segue meu "dedo-olho".

Opa! Meu pai sorri para mim, me pega e levanta para o alto. É excitante! Estou "subinnnnndo"... Será que vou cair? Ele me mantém "voando" com suas mãos firmes. Começo a descer e aterrisso em seu abraço.

Volto para casa. Ao chegar vejo uma cara nova no pedaço! Faço uma careta e ameaço chorar. A pessoa tenta se aproximar, me tocar, eu não gosto, me encolho no colo do papai. Depois disseram que era um amigo dele. Estou com 8 meses!

Mais tranquilo agora vou para o chão. Descubro que posso rolar. Delícia! Tenho mesmo uma coluna que me mantém soldado e com um eixo.

Estou à procura de buracos para enfiar coisas: miolo de pão no meu nariz, meu dedo em orifícios. Só não pode ser em tomadas na parede... Tudo isso porque estou descobrindo como colocar uma coisa dentro da outra.

Desde que comecei a comer papinhas, sentado em minha cadeirinha, fico de frente para minha mãe. É diferente de quando mamo. Agora, nós dois podemos começar a nos separar daquele corpo a corpo.

Com tudo isso, vou me soltando, desgrudando, agora com nove meses. Descubro que posso ficar separado de seu corpo e me dou conta que há algum tempo estou treinando tudo isso. Antes era como se fôssemos duas cabeças com um corpo só. Agora tenho barriga, pernas, braços!

Morder é um novo prazer. Sugar era bom, mas agora posso morder biscoito, um pedaço de pão, experimentando meus dentes que nasceram. Se deixarem saio mordendo tudo...

Podem até pensar que sou malvado quando mordo alguém. Mas é um engano: esse é o meu jeito de conhecer o mundo!

Com dez meses vou engatinhando até um tapete onde encontro um brinquedo novo: são rodas de plástico com um buraco no meio e pinos coloridos. Minha brincadeira preferida agora: colocar os pinos nos buracos. Esse encaixe é perfeito como era o bico do seio na minha boca!

Agora vou buscar potes onde eu possa colocar coisas. Ponho bola em cesto, biscoito em lata... Saio à caça desses recipientes que, assim como meu corpo, podem guardar coisas.

Peguei um carrinho e fiz suas rodas passarem no meu braço, na minha pele. Essa é uma impressão dupla: eu existo e existe o carro. Faço a diferença entre dentro e fora de mim!

Quase andando, vou me apoiando na beira do sofá. Olho as dobras de tecido na cortina da janela. Fico encantado e consigo passar a mão nessas formas ondulantes. Elas têm interiores.

Engraçado! Sinto que eu também tenho interiores. Posso guardar o que tenho dentro de mim: meus órgãos, sangue, ossos, imagens e emoções! Mesmo se ficar triste não me desmancho, nem vou explodir se ficar com raiva! Como se eu fosse uma bolsa para guardar tudo isso!

Sentado agora na cadeirinha mexo nos brinquedos que estão à minha frente. Minha mãe pega um deles e começa a falar: "O carrinho é azul, bebê. Que lindo o carrinho azul! Bebê já viu que lindo o carrinho azul?", sua voz dobra e me encanta, fico atento. Acho graça.

Ganhei um carrinho. Fico dentro dele, sendo empurrado pra lá e pra cá. Eu também me sinto encaixado!

Ah! Uma fralda na minha cabeça e eu sumi! Perguntam onde eu estou. Cadê o Bruno? De repente, tiro a fralda e todos me encontram. Rimos muito.

Cada vez mais tenho os pés no chão. Estou verticalmente seguro de mim. Já consigo dar uns passinhos. Andando para lá e para cá, sigo na direção que quero. Todo orgulhoso, "estou me achando"! Com cabeça, peito, barriga, braços, pernas, mãos e pés me sinto todo completo.

Sim, estou me sentindo assim: Hoje fui à praia. Olhando o mar tive uma boa sensação: as ondas vão e vêm, nesse movimento ritmado de ida e retorno. É reconfortante! Será que é isso que me fascina? Acho até que vou ser surfista para entrar naquelas ondas/tubo perfeitas!

Ih, um pássaro ciscando na areia. Saio atrás dele com meus passos mais firmes. Ele voa assustado. Tem asas e eu pernas!

Brinquei de falar "mama, mama". Já sei cinco palavras: "mama" (mamãe), "papa" (papai) "bó" (bola), "nonô" (travesseiro) e "au-au" (cachorro).

Em pé me enrolei na cortina. Escondido lá dentro, rodeado de tecido, me senti num envelope. Boa sensação "em volta" de mim.

Ouço meu nome: Bruno. Sorrio e atendo o chamado.

Mais separado ainda do corpo de minha mãe, sem estar assustado, vejo o mundo!

Percebo onde meu corpo começa e onde termina, suas fronteiras. Tenho uma pele só minha.

Posso sentir que sou eu, um envelope circular me rodeia. Há algo de esférico em mim e, agora, uma esfera mais completa, de corpo inteiro. Quando eu puder desenhar vou fazer um círculo para me representar.

Sou eu mesmo um envelope, posso conter meu corpo, meus sentimentos, imagens e pensamentos. Tenho uma "pele psíquica"! Virei gente!

Estou preparado para falar cada vez mais palavras. Assim vou nomear as coisas. Será como um fogo de artifícios de símbolos! Mas isso já é uma outra história...

Parte II

Nota Inicial:

As crianças autistas nos têm revelado muitos dos detalhes sobre a organização mais precoce do ego, que vem a ser o *ego corporal*, segundo Freud.

O autismo é uma patologia de sobrevivência diante da perda ou da não constituição dessa primeira formação do *eu*. Ao longo das relações terapêuticas tomamos conhecimento de algumas das angústias primitivas, sentidas também por um bebê normal, mas nesses casos há a dificuldade de contê-las, de possuir uma continência corpóreo-psíquica, o que leva essas crianças a criar cápsulas ou conchas autísticas, evitando a todo custo o contato com o que é *não eu*, isto é, o mundo.

Por outro lado, conforme o tratamento analítico evolui, essas crianças dão demonstrações muito evidentes de que maneira se constituem os envelopes psíquicos, através do que experimentam com o terapeuta, combinando o tátil das costas, a interpenetração dos olhares e a suavidade da voz. Essas vivências são vitais para a emergência do *eu*.

Texto Técnico

Cada um de nós sabe o dia de seu aniversário: dia, mês e ano. É o dia do nascimento biológico. Vamos contar como acontece outro nascimento: o psíquico. É a conquista da individuação. Bruno nos conta essa história dizendo: "Foi minha gestação psíquica![4] Teve um dia que eu nasci pra mim!".

Gestação

Bruno vai nos conduzir a um tempo bem precoce, ainda no útero de sua mãe, onde começam os primeiros sinais de um sentimento de existência.

Por volta do quinto mês, com o desenvolvimento da acuidade auditiva, o feto vai ouvir sons, desde os borborigmos dos intestinos de sua mãe, próximo a parede do útero, até sentir as vibrações daqueles vindos de fora. Através desses sons, que chegam ao feto, se inicia uma tênue sensação de que existe algo diferente dele.

O ritmo e o som do coração da mãe são registrados por Bruno, mas, sendo compassados, não criam nenhuma impressão de diferença. Assim como seu próprio coração, que bate mais acelerado, também é constante.

---

4 HAAG, G. De la Naissance Physique à la Naissance Psychologique, em: *L'Aventure de Naître*, Le Lezard, p. 217. "Se nós falamos de nascimento psíquico, é necessário falar de gestação psíquica."

São os sons inconstantes, isto é, aleatórios, os sinais de que algo externo a ele ocorre. Esse primeiro senso de existir é muito rudimentar. É apenas um esboço. Bruno vai viver as experiências corporais necessárias para desenvolver justamente essa consciência de si, e saber fazer a diferença entre si mesmo e o mundo que o circunda. Nossa história segue até cerca de um ano e três meses, quando então podemos dizer que Bruno "virou gente" – isto é, adquiriu o "si mesmo".

As cenas mostradas no útero revelam um período de muitas sensações. Bruno se movimenta, alimenta-se pelo tubo/cordão umbilical, flutua no líquido amniótico, coloca o dedo na boca, dá cambalhotas e conforme o tempo vai passando percebemos que ele adquire um repertório motor, formado por seus músculos, articulações e membros. Quanto mais se movimenta, mais desenvolve músculos e ossos. Por vezes ele se apoia com a cabeça, pescoço e as costas na parede do útero, em posição fetal, e isso é muito reconfortante. O bebê voltará depois a essa posição, no colo de sua mãe, para ter uma sensação de apoio.

Quando a mãe se mexe há mais agitação lá dentro, porém se ela para, tudo fica mais calmo, e então, é o feto que se agita. Algumas pesquisas indicam que essa é a hora em que a mãe sonha, dormindo.[5]

Outros sons são percebidos, como a voz da mãe, e são agradáveis. A luz também penetra e é bem-vinda. São sensações de claro/escuro, consideradas as primeiras experiências relativas ao belo, denominadas estéticas. Alguns outros sons mais estridentes podem ser incômodos e penetram de forma invasiva no espaço uterino. Bruno mostra sua reação inclinando o corpo para trás, retesado, ao contrário da

---

5 MONTAGNER, H. A Árvore Criança- uma nova abordagem do desenvolvimento da criança. Lisboa, Instituto Piaget, 2009.

posição fetal. Pesquisas também apontam que uma intensa frequência dessa posição do corpo pode afetar a evolução de uma região cerebral em formação.[6]

Os movimentos de Bruno, com braços, pernas e cabeça são sentidos pela mãe e ele também pode sentir quando ela o acaricia do lado de fora, massageando a barriga.

Chega o momento de sair do útero.

A "bolsa d'água" se rompe, as contrações das paredes uterinas se intensificam e a expulsão do bebê vai acontecer. Bruno também faz a sua parte, querendo sair. O espaço já está apertado, não há mais como dar cambalhotas.[7]

Desse ponto de vista nascer vai fazer bem à saúde![8]

---

6   HAAG, G. Conferência reproduzida no site www.psynem.necker.fr, datada de 2006. No capítulo sobre a Problemática do sonoro (2): "A primeira reação tônica de um feto é a extensão dorsal, a hiperextensão. Se essa hiperextensão for forte demais ela vai estagnar todo o resto do desenvolvimento" – pesquisas de A. Bullinger e de S. Mayello confirmam a hipótese de que a hipersensibilidade aos barulhos nos autistas inicia-se no útero e pode afetar a formação do lobo temporal superior do cérebro, devido a essas intensas hiperextensões. Não é uma perspectiva puramente cerebral, é produzido pelo ambiente sonoro ao que o feto no útero estará exposto. Ver também de HAAG G. "Reflexões de psicoterapeutas de formação psicanalítica que cuidam de indivíduos com autismo, após a publicação dos resultados de uma experiência acerca das áreas cerebrais abrangidas pelo tratamento da voz humana em 5 adultos com autismo (H. Gervais, M. Zilbovicius e colaboradores, agosto de 2004 – Um resumo desse trabalho saiu no jornal *Le Monde* em 24/08/2004 e provocou a indignação de inúmeros psicanalistas especialistas em autismo pelo reducionismo neurológico com que tratou a questão)".

7   MELTZER, D. "L'objet esthétique", em: *Revue Française de Psychanalyse*, n. 5, 1985, pp. 1385-1386.
"Podemos levar em conta o fato de que, durante os dois últimos meses da vida intrauterina, o bebê sente-se muito comprimido por seu continente, não há mais agora quase lugar para se mexer, ele pode, é claro, se revirar e mudar de posição, mas, no seu ponto de vista, ele deve sentir-se terrivelmente imprensado lá dentro, seu corpo deve aspirar a se libertar dessa contrição. Parece que Bion tinha mesmo razão de pensar que o feto não tem consciência de seu crescimento, é bem mais provável que ele sinta que o "claustro" se retrai, aperta em torno dele, como observamos em certos sonhos." Tradução livre.

8   LISPECTOR, C. *Para não esquecer*. Rio de Janeiro, Ed. Rocco, 1978, p. 78: "Ter nascido me estragou a saúde".

Primeiros tempos

Bruno nasceu! Logo ao sair sente diferenças de temperatura na pele, respira, seu coração bate mais rápido e o cordão umbilical é cortado pelo obstetra. Algumas dessas sensações corporais marcam o momento da transição de um meio aquático para um meio aéreo. A aceleração da respiração e dos batimentos cardíacos é característica do que Freud chamou de *angústia original*. Cada um de nós vai sentir essas mesmas sensações em momentos de angústia no decorrer da vida.[9]

Bruno passa a conhecer um ambiente onde há o efeito da gravidade, sente que tem peso, já não flutua.

Sua experiência com a luz é de deslumbramento, desde que não seja demasiado ofuscante. Fecha os olhos de início, como proteção, e depois vai experimentando o brilho. Consideramos aqui uma nova experiência estética.[10]

Inicia a amamentação, buscando o seio e ensaia os primeiros olhares para o rosto da mãe. Identifica, no começo, somente o contorno da face limitado pela linha do cabelo.[11] Esboça de início um sorriso, mas só em torno de 4 a 8 semanas vai abrir um verdadeiro sorriso endereçado à mãe.[12]

---

[9] FREUD, S. (1926-1928), "Inibição, sintoma e angústia", em: ESB, vol. 20, Rio de Janeiro, Imago, 1976, pp.100-101.

[10] MELTZER, D. "L'objet esthétique", em: *Revue Française de Psychanalyse*, n. 5, 1985, p. 1386. "Diversas experiências clínicas me sugeriram fortemente que essa saída do túnel, essa exposição pelos sentidos que é a aparição do mundo exterior, deve constituir a primeira experiência estética".

[11] STERN, D. *Diary of a Baby – What Your Child Sees, Feels, and Experiences*. New York. Basic Books, 1998, p. 19 – linha do cabelo, 6 semanas – e p. 47 – entre 8 e 12 semanas começa a vocalizar e fazer longos contatos olho no olho.

[12] DAVID, M. 0 à 2 ans – *Vie Affective Et Problèmes Familiaux*. Ed. Dunod, Paris, 1998, p. 21.

Mama, dorme e, acalentado no colo da mãe, junto a seu corpo, sente os ritmos de seu coração e de sua voz. Dessa forma parece, por momentos, que não houve ruptura, quebra. É como se ainda estivesse dentro dela, uma continuidade do que vivia no útero.[13]

Esse corpo a corpo é tão intenso que o bebê ainda se sente misturado com sua mãe, como se fosse um só com ela.

Já nos primeiros dias de nascido percebe certas expressões do rosto da mãe (os movimentos da boca, por exemplo)[14] e, para surpresa dela, faz suas primeiras imitações. Se a mãe põe a ponta da língua para fora ele faz igual.

Já recebeu um nome: Bruno, escolhido bem antes quando os pais souberam pela ultrassonografia que seria um menino.

A continência pelo corpo da mãe

A partir de agora, chegando ao *mundo*, o bebê inicia um processo gradativo de separação do corpo de sua mãe. Esse é o aspecto fundamental dessa história. Uma série de experiências de continência será necessária para possibilitar as sucessivas separações de início corporais.

---

13 FREUD, S. *Ibid*, (1926-1928) "Inibição, sintoma e angústia", p. 162.
14 MELTZOFF, A., em: BEEBE, B. et al. "Forms of intersubjectivity in infant research and adult treatment". New York, Other Press LLC, 2005, p. 30.

E, para cada uma delas, o bebê vai precisar certificar-se de que continua vivo. A continuidade da existência precisa estar garantida. A figura materna é o principal ponto de partida porque é de seu corpo biológico que o bebê viverá suas primeiras separações.

Bruno vai mostrar, desde muito cedo, que vive sensações de prazer, mas também sente angústias corporais[15] que lhe causam desconforto. Como seu corpinho ainda não está integrado, essas sensações fazem parte de suas primeiras experiências e são normais.[16] Pode ser uma sensação de liquefação, isto é, sente que pode se dissolver – e isso é reforçado pelo fato de que o corpo humano é constituído por 70% de fluidos – o que lhe dá uma condição realmente líquida.[17] São angústias muito primitivas, naturais nesse primeiro tempo. Bruno mostra nos primeiros banhos, ao ser despido e colocado na água, esse desprazer, sentindo que pode se derramar, ou escoar. Até que a própria água morna da banheira, a voz da mãe (ou do pai), as mãos que o seguram, lhe garantam a sustentação de seu ser. Vai sair do banho tentando agarrar em algo, talvez a blusa

---

15   WINNICOTT, D. (1962), "A integração do ego no desenvolvimento da criança", em: *O ambiente e os processos de maturação – estudos sobre a teoria do desenvolvimento emocional*. Porto Alegre, Artmed, 1983, p. 57. "Angústias Primeiras".

16   TUSTIN, F. *Barreiras autísticas em pacientes neuróticos*. Porto Alegre, Ed. Artes Médicas, 1990, p. 56. "No desenvolvimento normal, a criança terá as experiências agudas, desses terrores atávicos amortecidos por uma mãe ultra responsiva que age como um amortecedor. Um bebê que não tem essa guarda primária amortecedora fica então exposto aos terrores primitivos que não é a condição da criança normalmente protegida".

17   TUSTIN, F. *Ibid, Barreiras autísticas em pacientes neuróticos*, p. 181. "Isso não é surpreendente, uma vez que o recém-nascido emerge de um meio líquido e suas primeiras alimentações e excreções estão associadas com líquidos. Conforme salientou Spitz (1960) o recém-nascido tem que fazer o ajustamento de ser uma criatura da água para ser um habitante da terra seca... Paradoxalmente, entretanto, há terrores fantásticos, ilusórios. Por exemplo, em seus estados fluidos os bebês temem que possam vazar pelos buracos".

da mãe, e depois, sendo envolvido por uma toalha felpuda, terá a sensação de ser envelopado.[18]

A palavra-chave aqui, já nesse primeiro exemplo do banho, é continência. Será a gradativa e repetida vivência de ser amparado pelo corpo da mãe que fará Bruno confiar em sua sobrevivência.

Devemos destacar aqui o papel do pai nessa função. Ele é, de início, aquele que apoia a mãe física e psiquicamente para que ela possa sustentar o bebê. É, portanto, um elemento primordial.[19]

Podemos transpor também para os que cuidam do bebê: parentes, profissionais de creche, babás, muitas dessas experiências de continência.

O caminho a ser percorrido diz respeito a essa construção: ser contido, envelopado, para acreditar que possui uma existência que será o seu *eu*.

Outras duas angústias se apresentam também muito cedo: a de explosão e a de queda.

Ao mamar, por vezes sente-se estufado. As sensações dos gases intestinais podem ocorrer provocando a angústia de que vai estourar, explodir.[20] Uma imagem que podemos formar para isso é de que ele ficaria como uma bola de gás, inflado. Também aqui serão o colo, os braços da mãe à volta de seu corpo, que irão garantir a continência necessária e o alívio de que pode ir soltando os gases sem perder a existência.

---

18 ANZIEU, D.(1985), *O eu-pele*. São Paulo, Casa do Psicólogo, 2000, p. 61. "A ideia de eu-pele".
19 HAAG, G. *Ibid*, "De la naissance physique à la naissance psychologique", p. 220.
20 TUSTIN, F. *Ibid*, capítulo: "O desenvolvimento do eu", pp.180-181. "O significado das primeiras sensações físicas".

Ao ser carregado, levado de um lugar para outro, mesmo que amparado por braços firmes, Bruno pode ter a sensação de cair, de despencar. Essa é a experiência a que adultos se referem de queda sem fim, de "perder o chão", quando por alguma situação de perda retornam a essas primitivas sensações.[21] Por ter sentido seu corpo apoiado pela parede uterina e pela "água" do líquido amniótico, Bruno não conhecia essa sensação, que Winnicott chama de *angústia impensável*.[22] Daí, o colo seguro é um alívio, eliminando a impressão de uma queda infinita no "espaaaaço", como nosso personagem bem expressa.

O ritmo de vaivém fundamental

A partir dos dois meses[23] a experiência do bebê será predominantemente rítmica. A troca de olhar com a mãe, o bico do seio na boca e a voz modulada da mãe terão que fornecer um ritmo de vaivém. A psicanalista francesa G. Haag, especialista em observação de bebês e na clínica de autismo infantil, denomina *dobra* essa experiência de ida e volta produzida pelas trocas afetivas com o bebê.[24]

---

21 HAAG, G. "De quelques fonctions précoces du regard à travers l'observation directe et la clinique des états archaïques du psychisme", em: *Cahiers de Psychiatrie Infantile – Echos du Regard,* 1989, pp. 26-34.

22 WINNICOTT, D. (1962), *Ibid, O ambiente e os processos de maturação - estudos sobre a teoria do desenvolvimento emocional*, p. 56.

23 HAAG, G. *Ibid*, "De la naissance physique à la naissance psychologique", p. 215. "Eu ressaltarei novamente o caráter tátil desse intenso olho no olho do segundo mês de vida".

24 HAAG, G. "L'experience sensorielle fondement de l'affect et de la pensée" (A experiência sensorial como fundamento do afeto e do pensamento), em: *L'Expérience Sensorielle de L'Enfance.* Cahiers du C.O.R., n. 1, Hôpital Gènéral

Bruno vai mostrar, em vários momentos, que é assegurador saber que *toda ida tem volta*.

O olho no olho, por exemplo, combinado com o apoio/suporte da cabeça, nuca, pescoço e costas vai construir essa estrutura rítmica.

Bruno olha para sua mãe e *é enriquecido* de um olhar que retorna.[25] Poderíamos falar, para esclarecer, que esse contato visual precisa ser suave, doce, e encontrar uma *base* com molejo, capaz de mandar algo de volta.[26]

---

d'Arles, 1992, pp. 71-112. "A forma arcaica da vida psíquica: a dobra". Nesse trecho a autora apresenta o caso de uma criança autista, seu paciente, que ela nomeia Baptiste , e que vai ser citado em inúmeros outros de seus artigos. Demonstra através dele a emergência da dobra de olhar com a analista, depois de alguns riscos de tentativa por parte dele de dirigir a ponta de lápis para o olho dela. Em seus desenhos, que mais tarde se transformam em história em quadrinhos (devemos ressaltar aqui que ele foi nossa fonte de inspiração para criação desse filme de animação que acompanha essa publicação), Baptiste representa folhas de livros se dobrando, como se saíssem de uma fábrica de livros, que na verdade lembra o maxilar de uma boca, onde a língua pode dobrar e até falar "Aleluia", palavra que ele pronuncia, por sinal cheia de dobras... Esse conceito de "pli" (dobra) vai ser retomado de vários textos posteriores como a primeira experiência de ritmo.

25   HAAG, G. "Sexualidade oral e eu corporal", em: *Revista de Psicanálise da SPPA*, vol.13, n. 1, abril, 2006. As crianças autistas nos dão informações importantes sobre a impossibilidade do mergulho no olhar do outro. "Com efeito, nas crianças autistas, além do medo de cair para o outro lado da pupila na não recepção/rebote, há o medo nitidamente expresso por alguns de um olho predador" p. 111. E "Se não houver retorno, tudo acontece como o cacho de sensações (Tustin, 1986) caísse para o outro lado dos olhos do outro. Tivemos demonstrações muito concretas desse tipo da parte de crianças autistas que encenavam uma caída para o outro lado da cabeça após uma ausência ou um momento de incompreensão", p. 114.

26   HAAG, G. *Ibid*, "De la naissance physique à la naissance psychologique". Algumas crianças brincam de colocar algodão na ponta do bico de pássaros de brinquedo, como se pudessem amaciar aquele olhar que pode ser sentido como um olhar predador". A criança Paul (autista em tratamento analítico)... e seus medos antigos de olhar de natureza predatória (bicos de pássaros)... ele aproxima então docemente o canto de seu olho direito desse bico... em seguida parece "pensar" e vai procurar um pequeno pato de pelúcia muito macia e superpõe esse bico doce no bico duro do pássaro", pp. 214-215.

Como todas essas experiências precoces se passam nesse contato face a face com sua mãe, Bruno tem a sensação de que as duas cabeças, a dele e a dela, estão dentro de um círculo. Tudo se passa ali dentro e a partir daí inicia-se para ele a formação de uma esfera, com uma função – continente. A consciência de seu próprio corpo só vai surgir mais tarde.

Durante a mamada os movimentos de colocar o bico do seio na boca, sugá-lo, e soltar para tornar a pegá-lo em seguida criam também um ritmo ondulante de vaivém.

Se por vezes Bruno solta e perde por instantes o bico, logo o recupera e se assegura de que o seio está ali. Muito cedo ele pode colocar a mão em forma de *trompete*[27] tentando criar um tubo de continuidade entre o bico do seio e a boca, isso também o acalma.

O bico do seio dentro da boca é considerado o encaixe perfeito e será o modelo futuro da integração. Mais tarde, no terceiro mês, Bruno agarra com sua mão o dedo de sua mãe enquanto mama, reproduzindo o mesmo encaixe "boca-seio". Quando acaba de mamar soltará os dois: o seio e o dedo dela.

Brincar de envolver suas mãos, uma com a outra, lhe dará também essa mesma sensação.

A voz melodiosa da mãe também será uma experiência rítmica importante. Se ela tem vitalidade seu tom de voz será vivo.[28]

---

27 HAAG, G. "O teatro das mãos" – *Revista Brasileira da Sociedade Psicanalítica de Porto Alegre*, vol. 10, n. 1, abril 2003, p. 11.

28 Fontes I, *Psicanálise do sensível, fundamentos e clínica*. Ed. Ideias & Letras, São Paulo, 2010, p. 92. "Ao contrário de mães que, num estado deprimido, tem voz monocórdia. Nesses casos falta o ritmo da dobra, do vaivém, necessário para assegurar uma continência".

A fala da mãe inicialmente também duplica-se porque ela fala com seu bebê e responde por ele. Bruno acha engraçado porque ela pergunta se ele tem fome e responde por ele que "sim, ele tem fome".[29]

Bruno por um momento fica sozinho no tapete da sala e perde de vista sua mãe. Fica desorganizado e nem consegue levar a mão à boca. Tenta algumas manobras para se acalmar. Bate as pernas, segura um paninho, mas não adianta. Ouve então a voz familiar: sua mãe retorna e o envolve com sua fala terna. Com seu retorno ele consegue reencontrar a forma circular envolvente. E ao final vai buscá-la com o olhar.[30]

Continência pelo próprio corpo

Simultaneamente à continência oferecida pelo corpo da mãe, Bruno vai garantir a continuidade de sua existência, aplacando as angústias primitivas com seu próprio corpo.

Parece surpreendente a sensação que ele tem, ao mamar, de que possui um

---

[29] HAAG, G. (1986) "Abordagem psicanalítica do autismo e das psicoses da criança", em: *Autismo e psicoses da criança.* Org. Mazet e Lebovici. Porto Alegre, Ed. Artes Médicas, 1990, p. 137. "Mas talvez ganhássemos tempo ao retomar o estilo de monólogo para dois de uma mãe junto a seu bebê. "O dia está bonito hoje, meu bebê? Oh, sim está bonito! Como está bonito!".

[30] HAAG, G. "Clinique psychanalytique de l'autisme et formation de la contenance", em: *La Voix Nouvelle de la Psychanalyse Contemporaine.* Le dedans e Le dehors, dir. André, Green, Paris, PUF, 2006, p. 610.

sistema de tubos e canos[31] que levam o leite para o centro de sua barriguinha, e não deixa vazar! Bruno fica tranquilo, ele não vai liquefazer, e percebe que tem interiores.[32] Mais tarde tudo isso será identificado como seu aparelho digestivo.

Um elemento fundamental é a própria pele. Bruno, ao ser ensaboado no banho, ou quando recebe massagem e carinho, sentirá que sua pele o envolve. Muito boa essa sensação de que esse envelope segura o sangue, as vísceras, os músculos, os ossos, enfim, todo o corpo. Por ser o maior órgão, a pele pode contornar todo o seu corpo e delimita as fronteiras entre interior e exterior.

Através do toque dos objetos em sua pele o bebê fará a diferença entre o fora e dentro do corpo (Winnicott).[33] Bruno passa as rodas de seu carrinho em seu braço e, assim, tem a dupla impressão: ele e o carro, como duas coisas diferenciadas.

Podemos considerar esse o primeiro modelo reflexivo dentro/fora, já dizia Freud em seu texto de 1923.[34]

---

[31] TUSTIN, F. *Ibid*, pp. 183-184. Na parte sobre "A imagem corporal como um sistema de canos": Meu próprio trabalho clínico confirma que a imagem corporal como um sistema de canos significa a consciência de "interiores". O Dr. Rosenfeld (1981) sugere que essa aparente contenção de fluidos corporais como um sistema de canos é uma imagem mais elementar do que aquela descrita pela Dra. Esther Bick sobre a função de contenção da pele (1968).

[32] HAAG, G. *Ibid*, Conferência reproduzida no site www.psynem.necker, no capítulo sobre o sonoro (2), tradução livre, p. 7, "Houve um fenômeno clínico que pude acompanhar por 15 anos, sem entender, e me limitava apenas a gravar. Era um especial interesse, por parte das crianças autistas, de um lado no que se refere à fobia e, quando se sentiam melhores, havia um superinvestimento em relação aos ruídos/burburinho dos encanamentos. Eu trabalhava numa grande instituição, em que havia um encanamento, e às vezes ouvíamos grandes barulhos nos canos. As crianças em estado de fobia dos sons tapavam os ouvidos e também gritavam. Depois, quando eles retomavam o contato e estavam sentindo-se melhor, havia um fenômeno muito frequente, que era o prazer que eles tinham ao ouvir esses borbotões".

[33] WINNICOTT, D. *Natureza humana*. Rio de Janeiro, Imago, 1990, p. 143.

[34] FREUD, S. (1923), "O ego e o id", em: ESB, vol. 19, Rio de Janeiro, Imago, 1976, p. 233. Devido à bipolaridade tátil

A repetição dessas vivências durante os primeiros meses constrói o que denominamos *envelope tátil*.

Acrescentamos aqui a soldadura das duas metades do corpo: o bebê, entre o quarto e o quinto mês, se dá conta de que tem partes em dobro: duas pernas, dois braços, duas orelhas, dois olhos e até duas nádegas. Sua coluna vertebral é o eixo que vai unir essas duas metades de seu corpo. Numa percepção sensorial ele começa a atribuir o lado direito de seu corpo aos cuidados que recebe da mãe – o *lado-mamãe* –, o lado esquerdo corresponde a ele próprio. Assim imaginando, ele vai sentir a coluna como o papai, sólido o suficiente para fazer a soldadura das partes. Bruno fica reunido, soldado ao meio![35] A união da metade de cima com a de baixo vai ocorrer um pouquinho depois, já com cinco meses completos.

◇◇◇◇◇◇◇◇◇◇◇◇◇◇◇◇◇◇◇◇◇

Freud faz alusão ao fato de que sinto o objeto que toca a minha pele ao mesmo tempo em que sinto minha pele tocada pelo objeto, a pele prepararia o desdobramento psíquico do ego (*eu/não eu*).

35   HAAG, G. "La mère et le bébé dans les deux moitiés du corps", em: *Neuropsychiatrie de L'Énfance et d'Adolescence*, année 33, n. 2-3, Cannes, 1985, pp. 107-114. "Entre a idade de 3 meses e a idade de 6/8 meses podemos observar que a inter-relação do bebê com um personagem maternante provoca junções corporais, particularmente entre as duas metades do corpo... A patologia das crianças autistas, que permanecem num estado de não integração desses níveis de desenvolvimento, demonstra esse estado 'mal-colado'. Algumas utilizam a mão do outro para fazer algo, como desenhar, por exemplo, mostrando assim estarem na verdade colados ao semicorpo do outro, e não ao seu. Outros comportam-se como se só houvesse uma metade, num estado que Haag denomina 'hemiplegia autística'. Entretanto os bebês que uniram essas duas metades nos apresentam mais tarde, em seus primeiros desenhos geométricos, o desenho da cruz, representando esse esqueleto interno que solda as metades, assim como o desenho do círculo representa a integração conquistada". Haag G. lembra também nesse artigo que F. Tustin já dizia em 1982 que os esquizofrênicos são partidos em pedaços e os autistas são separados em dois, em duas metades.

O espaço circular

Desde os dois meses a contemplação da mão em concha, a uma curta distância de seu rosto (20 cm), dará a ele a impressão de um semicírculo!

Tudo passa a ter sinuosidades, isto é, a atenção de Bruno fica voltada para as percepções das curvaturas: as ondulações do tecido da cortina da janela, os cachos dos cabelos e as dobras da saia da mãe.

A partir daí terá início para Bruno a percepção de tudo que tem a forma redonda. O seio, o rosto da mãe, sua própria boca, todos são redondos. Ele sai então identificando, nos objetos ao seu redor, as formas redondas: argolas, móbiles e até o focinho do cachorro.

Essas experiências vão fornecendo-lhe a sensação de que algo pode existir *em torno dele*, *em volta dele*, ou seja, ele vai sentir-se contornado por um círculo maternal.

Dará continuidade, com essa sensação de circularidade, àquela impressão anterior vivida no face a face com sua mãe: a interiorização de uma esfera – continente. Daí considerarmos a esfera como nossa primeira representação geométrica.

Durante a mamada, já por volta do quarto mês, Bruno parece traçar com seus olhos um horizonte semicircular, movimentando a cabeça nas idas e vindas de sua boca no seio. Um observador mais atento pode seguir essa sua *imagem motora* e verificar que "meias luas" vão se formando, de forma invisível, é claro.[36]

---

36 HAAG, G. "Moi corporel entre dépression primaire et dépression mélancolique", em: *Revue Française de Psychanalyse*, vol. 68, Paris, PUF, 2004, p. 1143.

As brincadeiras de enfiar argolas no braço, entrar em túneis-minhoca vão reafirmando essa impressão: há um envoltório em torno de Bruno.

A continência espacial está se desenvolvendo. O rolinho/almofada que o circunda no berço é uma demonstração disso e o *reúne*.

Ao ritmo de vaivém junta-se essa noção espacial, e Bruno vai percebendo que existem pontos de retorno, como os olhos de sua mãe. Um desenho pode ilustrar essa vivência: de um ponto central partem anéis em sequência. O extremo de cada um desses anéis em movimento é reenviado para o centro; seria como as pétalas de uma margarida. E se unirmos esses pontos, chamados de *retorno* ou *rebote*, teremos mais uma vez a experiência de um semicírculo:

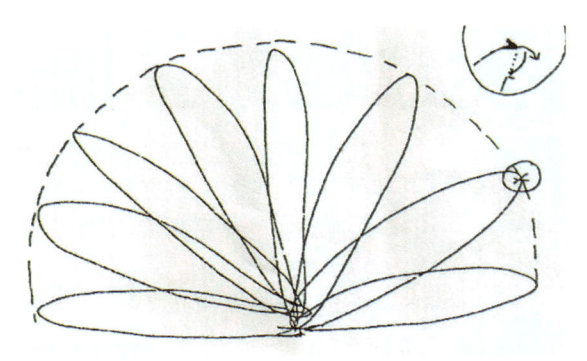

Bem mais tarde,[37] essa mesma importância de algo que vai e vem, aparece no prazer de desenhar margaridas, com suas pétalas e um centro que garante o

---

[37] HAAG, G. *Ibid*, "Sexualidade oral e eu corporal", p. 126. "Mencionarei aqui um belíssimo desenho de uma menina de 4 ou 5 anos que representa seu sexo como uma margarida (estrutura radial) no meio do vestido".

ponto de retorno. São volteios reconfortantes, consolidando a continência dada pelas dobras.

Bruno reproduz essa mesma imagem olhando sua mão aberta, com os dedos separados.[38] Seguindo a linha que contorna seus dedos, ele tem a sequência de dobras e, bem mais tarde, quando souber desenhar, fará o sol com seus raios para representar a mesma ideia: uma *estrutura radiada de continência*.[39]

O quinto mês – a sensação de começar a existir

Esse é um momento importante. Em torno do quinto mês de vida os pais geralmente começam a perceber algumas reações diferentes em seus bebês.[40] Como nos mostra Bruno, ele fica meio quieto, parece triste ou sonhador, mas não é nada

---

38 HAAG, G. *Ibid*, "O Teatro das mãos". Algumas crianças autistas mantém os dedos grudados, sem poder admitir a separação, p. 14. "Uma garotinha (autista) era incapaz, no início, de fazer ela própria o contorno de suas mãos (desenho com lápis): ela tentava, mas conseguia no máximo marcar um ou dois traços penetrantes entre os dedos medianos, que tinham dificuldade em se separar".
39 HAAG, G. (1993), "Hipotesis de uma estructura radiada de continência y sus transformaciones", em: *Los Continentes de Pensamiento*. Buenos Aires, Ediciones de La Flor, 1998, pp. 73-75, "origen sensorial y psíquico de la forma radiada".
40 FONTES, I., *Ibid*, *Psicanálise do sensível – fundamentos e clínica*, p. 54.
"É um fenômeno observável entre 4 e 5 meses, quando um início de separação corporal é testemunhado pelas respostas de participação e de reciprocidade do bebê, uma maior capacidade de estar só com a atividade autoerótica e de explorações e jogos corporais. A percepção de uma capacidade de pensar do bebê é por vezes sentida por quem está a sua volta – bebê "sonhador", surge afetos de tristeza novos, pequenas tristezas."

disso. Está nascendo psiquicamente. Começa a fazer a diferença entre seu corpo e o mundo. São as primeiras consciências de separação. Está iniciando o processo, já esboçado no útero (por volta do quarto ou quinto mês fetal).

Imitação

Muito cedo o bebê consegue fazer sua primeira imitação. Logo nos primeiros dias de vida, se a mãe põe a ponta de sua língua para fora, o bebê faz igual.[41] Bruno nos mostra sua capacidade inata de imitar movimentos. Se a mãe abre a boca, ele abre também, é praticamente automático e com o tempo ele ainda vai ficar melhor nisso!

Desde o segundo mês, por exemplo, solta alguns sons como ah..., eh..., e dessa vez se a mãe o imita, o bebê é capaz de reproduzir e ficam nesse jogo. Também com seu pai, por volta do terceiro mês, a experiência pode ser interessante: o pai coloca sua própria mão na orelha e fica surpreso porque Bruno o imita, mostrando que também sabe fazer o mesmo gesto.[42]

Já no sexto mês pode ocorrer um novo jogo imitativo. O pai levanta um dos dedos, o indicador, por exemplo, e Bruno o imita, levantando o seu. Mas a brincadeira

---

41 NADEL, J. *Imiter pour Grandir – Développement du Bébé et de L'Enfant avec Autisme*. Paris, Dunod, 2011, pp. 38-39.
42 NADEL, J. *Ibid*, p. 50, "Um estudo longitudinal feito por Caroline Potier mostra que o bebê de 3 meses já é capaz de imitar uma trajetória chegando à face, parte não visível para o bebê, atestando assim um bom esboço de conhecimento do corpo".

continua: um deles esconde o dedo fechando a mão e o outro em seguida faz igual. Aperfeiçoando essa capacidade, no dia seguinte, ao acordar, Bruno reinicia, levantando o dedo quando vê o pai entrar no quarto. Os dois riem e recomeçam as imitações, já de forma registrada na memória![43]

Dentro do processo de desenvolvimento a imitação tem seu lugar de importância nos registros de aprendizagem.

A simbolização primária[44] – primeiras analogias de continência

Símbolos com o próprio corpo

Com a experiência corporal de **continência** o bebê sente-se um recipiente com interiores e a discriminação *eu/não eu* efetiva-se (a boneca russa, Matrioshka, demonstra essa experiência de continência com as inúmeras bonecas que se encaixam umas dentro das outras).

---

43 NADEL, J. *Ibid*, p. 40. "Por volta do sexto mês se produz um acontecimento de extrema importância: o bebê começa a poder pegar os objetos. Então ele começa a imitar as ações como dar tapinhas, esfregar, atirar, puxar, assim as capacidades de imitar dependem desse repertório motor... A imitação é um barômetro das capacidades motoras".
44 HAAG, G. *Ibid*, "O teatro das mãos", p. 12. Na observação com 9 semanas vê-se desencadear-se, após uma perturbação, um jogo mais complexo que propomos já ser uma teatralização, implicando um nível de simbolização primária (Haag G. 2002). Eu retorno à terminologia adotada igualmente na França por René Roussillon (1995-2000).

Está colocada, então, a condição para surgir a simbolização primária. Tendo vivido a experiência de ser contido e de conter, o bebê vai fazer analogias, de forma cada vez mais frequente, entre sua experiência de continência e as partes de seu corpo que equivalem a isso. São denominados *equivalentes simbólicos*,[45] de início com o próprio corpo e depois com os objetos.

Alguns exemplos de simbolização primária com o próprio corpo

O *teatro das mãos*, assim denominado pela psicanalista Geneviève Haag, "uma mão, sendo como uma boca e a outra como um seio encontram-se, portanto, numa relação simbólica com a boca e o seio".[46] Da mesma forma a contemplação da mão em concha, observando sua concavidade, pode criar para o bebê mais uma analogia, dessa vez com algo que contém, por exemplo, um brinquedo, não o deixando cair. A mão é, então, como um *pote*, podendo segurar objetos.

Outro exemplo é o estômago percebido como uma bolsa, que contém o alimento e, portanto, é um equivalente simbólico no corpo desse recipiente que vai ser o ego.[47]

---

45 HAAG, G. *Ibid*, "Abordagem psicanalítica do autismo e das psicoses da criança", pp. 128-138.
46 Haag, G. *Ibid*, "O Teatro das Mãos", p. 12.
47 WINNICOTT, D. "Preocupação materno-primária", em: p. 403. Segundo ele, a princípio trata-se de necessidades corporais, que gradualmente transformam-se em necessidades do ego à medida que da elaboração imaginativa das experiências físicas emerge uma psicologia.

Símbolos com os objetos

Essas analogias se estendem também aos objetos. Todas as possibilidades de encaixe serão bem-vindas. O interesse do bebê amplia-se e ele passa a ver nos objetos a analogia com conter e ser contido – tampas de canetas, brinquedos de encaixar pinos em buraco, bola em cesto etc. É uma verdadeira "caça aos equivalentes simbólicos".[48]

Ele próprio quer brincar de ficar dentro de caixas, assim contido. A partir do oitavo mês o bebê vai experimentar todo esse prazer dessas descobertas e torna-se cada vez mais ativo. Então, segundo M. David, esse lento processo de "separação" do bebê de sua mãe, que vai incluir o desmame, o torna ávido de contatos. Não se contenta em receber, ele busca, pede, exige.[49]

Por outro lado manifesta a ansiedade dos oito meses,[50] como descreve R. Spitz, que é um estranhamento relacionado às pessoas que ele não conhece. Bruno demonstra isso quando começa a chorar ao ver "uma cara nova no pedaço", que era um amigo de seu pai. Faz parte também de seu processo de diferenciação.

---

48 HAAG, G. *Ibid*, "Abordagem psicanalítica do autismo e das psicoses da criança", p. 130.
49 SPITZ, R. *O Primeiro ano de vida.* São Paulo, Ed. Martins Fontes, março de 1979, p. 141. "Por volta dessa idade, a capacidade para a diferenciação perceptiva diacrítica já está bem desenvolvida. Nesse momento a criança distingue claramente um amigo de um estranho. Se um estranho aproxima-se dela, isso provocará na criança um comportamento inconfundível, característico e típico; ela apresenta intensidades variáveis de apreensão, ou ansiedade, e rejeita o estranho".
50 DAVID, M. *Ibid*, p. 52.

A simbolização secundária – a linguagem

Se esse desenvolvimento cumpre-se a contento o bebê estará pronto para novas simbolizações.

Ele é um recipiente, não há mais risco de dissolver, explodir ou cair no nada. Poderá então fazer analogias mais elaboradas, com a aquisição da palavra, em torno de 1 ano e 3 meses.

"A psique se representa a si mesma como uma esfera"[51]

Somente um ego que se constitua como um envelope continente de suas sensações, afetos, ideias, pensamentos pode se sentir um si mesmo. Pode-se falar aqui em "ego-bolsa".[52]

O bebê sente um *em torno*, um envelope circular o rodeia.[53] O efeito desse envoltório circular, iniciado desde os dois meses no face a face com a mãe e na contemplação da própria mão, é a introjeção da continência, em forma de uma esfera, como exposto

---

51 ANZIEU, D. "La funcion continente de la piel, del yo e del pensamiento: contenedor, continente, contener", em: *Los Continentes de Pensamiento*. Buenos Aires, Ediciones de La Flor, 1998, p. 47. "La psique se representa a si mesma como una esfera; se habla de la esfera de los pensamientos".

52 ANZIEU, D. *Ibid*, "La funcion continente de la piel, del yo e del pensamiento: contenedor, continente, contener", p. 48.

53 ANZIEU, D. *Ibid*, "La funcion continente de la piel, del yo e del pensamiento: contenedor, continente, contener", p. 51. "A pele envolve o corpo; por analogia com a pele, o ego envolve o psiquismo; por analogia com ego o pensamento envolve os pensamentos".

anteriormente. Daí quando Bruno crescer e puder desenhar vai fazer um círculo para representar esse *eu* mais integrado. Ele alcançou, assim, a individuação!

Viveu a experiência de ser contido e pode então conter. Vive no plano psíquico a consciência de que é distinto de sua mãe.[54]

Já tem um *eu-pele*.[55] Bruno adquiriu uma *pele psíquica*.[56]

Ele virou gente!!!

---

54 DAVID, M. *Ibid*, p. 54.
55 ANZIEU, D. *Ibid*, *O eu-pele*.
56 BICK, E. (1968), "A experiência da pele em relações de objetos arcaicas", em: *M. Klein Hoje*, vol.1, org. Elizabeth B. Spillus. Rio de Janeiro, Imago, pp. 194-198.

Sobre as autoras ✶✶

Ivanise Fontes

Psicanalista Doutora em Psicanálise pela Universidade Paris 7 – Denis Diderot, com pós-doutorado no Laboratório de Psicopatologia Fundamental do Núcleo de Estudos Pós-graduados em Psicologia Clínica da PUC-SP. Autora de *La Mémoire Corporelle et Le Transfert* (Presses Universitaires du Septentrion, França, 1999), *A memória corporal e a transferência* (Via Lettera, Brasil, 2002) e *Psicanálise do sensível – fundamentos e clínica* (Ideias & Letras, 2010).

Maria Cândida S. Soares

Psicóloga Clínica, formada em Psicanálise pelo Instituto Brasileiro de Psicanálise, Grupos e Instituições (IBRAPSI). Psicoterapeuta e Supervisora certificada pelo AEDP (Accelerated Experiential Dynamic Psychotherapy) Institute of New York. Vice-presidente do Instituto AEDP-Brasil e Coordenadora da formação em AEDP-Neuropsicoterapia.

Maïsa Roxo
Foi Pedagoga, Psicanalista, membro efetivo e docente da Sociedade de Psicanálise Gradiva, coordenadora clínica da SPAG-RJ.

Sara Kislanov
Doutora em Psicologia pela UFRJ. Psicóloga clínica e hospitalar; analista didata da Sociedade Psicanalítica do Rio de Janeiro, filiada à International Psychoanalitical Association; professora supervisora do Departamento de Psicologia da PUC-RJ.

Referências Bibliográficas

ANDRADE, V.M. *Um diálogo entre a Psicanálise e a Neurociência*. São Paulo, Casa do Psicólogo, 2003.

ANZIEU, D. "La Funcion Continente de la Piel, del Yo y del Pensamiento: contenedor, continente, contener", em: *Los Continentes de Pensamiento*, pp. 29-62, Buenos Aires, Ediciones de La Flor, 1998.

ANZIEU, D. *O eu-pele* (1985), São Paulo, Casa do Psicólogo, 2000.

BICK, E. *A experiência da pele em relações de objetos arcaicos*. Em: "M. Klein Hoje", vol. 1, Rio de Janeiro, Imago, dir. Elizabeth B. Spillus, pp. 194-198, 1968.

DAVID, M. *0 à 2 Anos – Vie Affective et Problèmes Familiaux*. Paris, Ed. Dunod, 1998.

DRUON, C. *A L´Écoute du Bébé Prématuré – une Vie aux Portes de la Vie*. Paris, Aubier, 2005.

FALK, J. *Educar os três primeiros anos – A experiência de Loczy*, Araraquara-SP, J. M. Editora, 2004.

FEDIDA, P. *Nome, figura e memória – A linguagem na situação analítica*, cap. Autoerotismo e autismo: condições de eficácia de um paradigma em psicopatologia, pp. 149-170, São Paulo, Ed. Escuta, 1992.

_____ *O sítio do estrangeiro – A situação psicanalítica*, cap. A Regressão, pp. 213-239, São Paulo, Ed. Escuta, 1996.

_____ *Par où Commence le Corps Humain – Retour sur la Régression*, Paris, PUF, 2001.

FONTES, I. *Memória corporal e transferência: fundamentos para uma psicanálise do sensível*, São Paulo, Ed. Via Lettera, 2002.

_____ *A ternura tátil*: o corpo na origem do psiquismo. Revista Psychê, ano 10, n. 17, São Paulo, pp. 109-120, jan-jun/2006.

_____ *Psicanálise do sensível – fundamentos e clínica*. São Paulo, Ideias & Letras, 2010.

_____ *A construção silenciosa do ego corporal*, Alter Revista de Estudos Psicanalíticos, vol. 29 (2), Órgão oficial da Sociedade Psicanalítica de Brasília, Brasília, dez/2011.

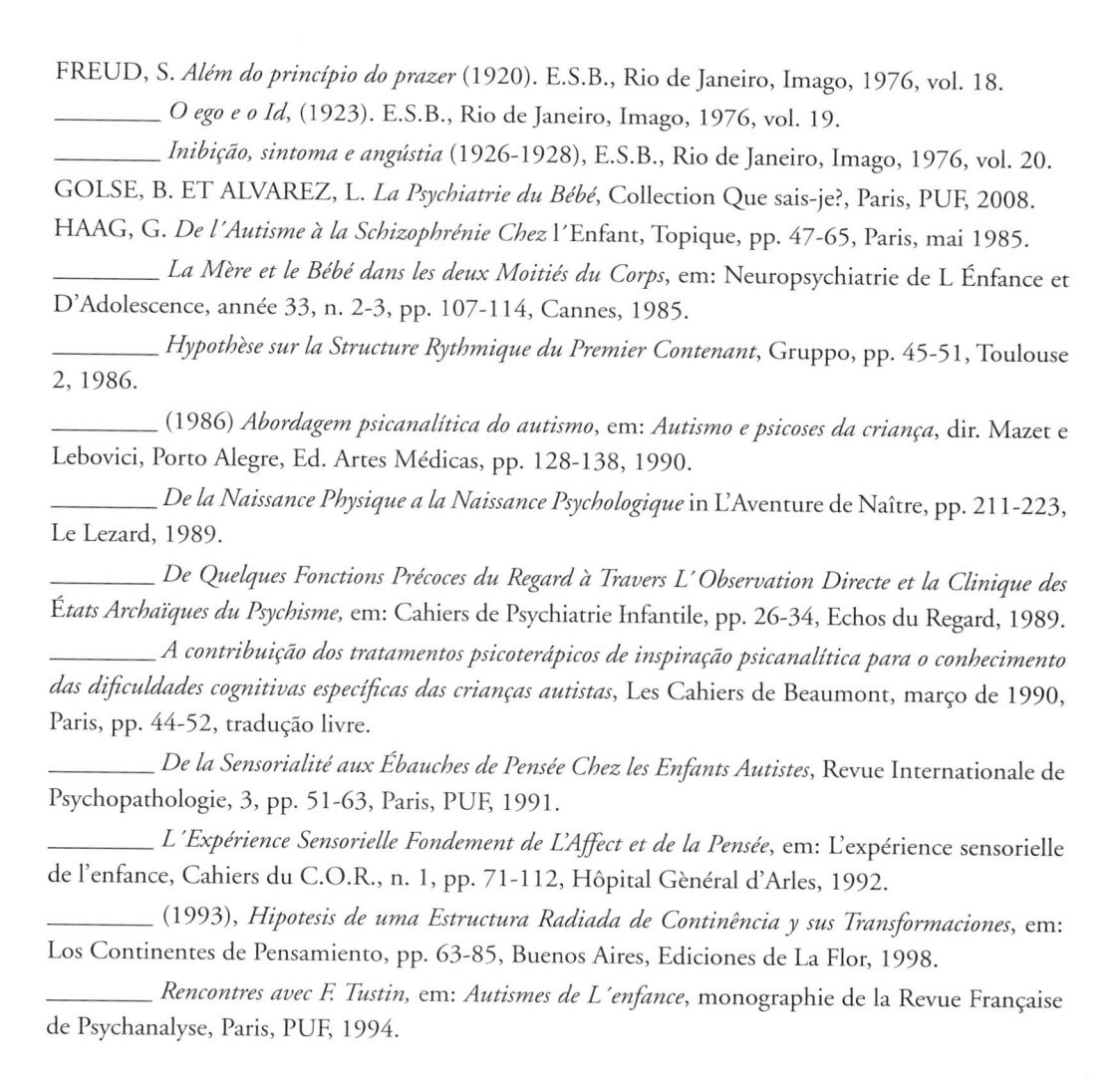

FREUD, S. *Além do princípio do prazer* (1920). E.S.B., Rio de Janeiro, Imago, 1976, vol. 18.

_____ *O ego e o Id*, (1923). E.S.B., Rio de Janeiro, Imago, 1976, vol. 19.

_____ *Inibição, sintoma e angústia* (1926-1928), E.S.B., Rio de Janeiro, Imago, 1976, vol. 20.

GOLSE, B. ET ALVAREZ, L. *La Psychiatrie du Bébé*, Collection Que sais-je?, Paris, PUF, 2008.

HAAG, G. *De l'Autisme à la Schizophrénie Chez* l'Enfant, Topique, pp. 47-65, Paris, mai 1985.

_____ *La Mère et le Bébé dans les deux Moitiés du Corps*, em: Neuropsychiatrie de L Énfance et D'Adolescence, année 33, n. 2-3, pp. 107-114, Cannes, 1985.

_____ *Hypothèse sur la Structure Rythmique du Premier Contenant*, Gruppo, pp. 45-51, Toulouse 2, 1986.

_____ (1986) *Abordagem psicanalítica do autismo*, em: *Autismo e psicoses da criança*, dir. Mazet e Lebovici, Porto Alegre, Ed. Artes Médicas, pp. 128-138, 1990.

_____ *De la Naissance Physique a la Naissance Psychologique* in L'Aventure de Naître, pp. 211-223, Le Lezard, 1989.

_____ *De Quelques Fonctions Précoces du Regard à Travers L' Observation Directe et la Clinique des États Archaïques du Psychisme,* em: Cahiers de Psychiatrie Infantile, pp. 26-34, Echos du Regard, 1989.

_____ *A contribuição dos tratamentos psicoterápicos de inspiração psicanalítica para o conhecimento das dificuldades cognitivas específicas das crianças autistas*, Les Cahiers de Beaumont, março de 1990, Paris, pp. 44-52, tradução livre.

_____ *De la Sensorialité aux Ébauches de Pensée Chez les Enfants Autistes*, Revue Internationale de Psychopathologie, 3, pp. 51-63, Paris, PUF, 1991.

_____ *L'Expérience Sensorielle Fondement de L'Affect et de la Pensée*, em: L'expérience sensorielle de l'enfance, Cahiers du C.O.R., n. 1, pp. 71-112, Hôpital Gènèral d'Arles, 1992.

_____ (1993), *Hipotesis de uma Estructura Radiada de Continência y sus Transformaciones*, em: Los Continentes de Pensamiento, pp. 63-85, Buenos Aires, Ediciones de La Flor, 1998.

_____ *Rencontres avec F. Tustin,* em: *Autismes de L'enfance*, monographie de la Revue Française de Psychanalyse, Paris, PUF, 1994.

_____ *L'Observation à la Creche, M*éthode de *Prévention*, em: Observation du nourrisson selon E. Bick e ses applications, pp. 137-155, Lyon, Cesure Lyon Editions, 1994.

_____ *Como o espírito vem ao corpo: Ensinamentos da observação referentes aos primeiros desenvolvimentos e suas implicações na prevenção.* Em: Observação de bebês – os laços de encantamento, pp. 236-239, Porto Alegre, Artes Médicas, 1997.

_____ (1997) *Psicose e autismo – estados esquizofrênicos, perversos e maníaco-depressivos durante a psicoterapia.* Em: Estados Psicóticos em crianças, direção de Margaret Rustin, pp. 197-205, Rio de Janeiro, Imago, 2000, tradução livre.

_____ *Reflexões acerca de uma forma de simbolização primária na constituição do* Eu corporal *e as consequentes representações espaciais, geométricas e arquiteturais*, em: Matière à symbolisation: Art, création et psychanalyse, direction B. Charrier, pp. 79-87, Delachaux et Niestlé, 1998, tradução livre.

_____ *A prática psicanalítica com crianças autistas: adaptações técnicas, processos possíveis, desenvolvimentos metapsicológicos.* Em: Pratiques de la Psychanalyse, Revue Française de Psychanalyse – débats de Psychanalyse, pp. 75-86, Paris, PUF, 2000.

_____ *O teatro das mãos* – Revista Brasileira da Sociedade Psicanalítica de Porto Alegre, volume X, n. 1, pp. 9-27, abril 2003.

_____ *Le moi corporel entre dépression primaire et dépression mélancolique*, em: Revue Française de Psychanalyse, Paris, PUF, vol. 68, pp. 1134-1150, Paris, 2004.

_____ Conferência de, reproduzida do site <psynem.necker.fr>, 2006.

_____ *Sexualidade oral e* Eu *corporal*. Em: Revista de Psicanálise da SPPA, vol. 13, n. 1, pp. 103-127, abril, 2006.

_____ *Clinique Psychanalytique de L'Autisme et Formation de la Contenance*, em: La voix nouvelle de la psychanalyse contemporaine. Le dedans et Le dehors, dir. André Green, pp. 600-629, Paris, PUF, 2006.

HOUZEL D. *Le Concept d'Enveloppe Psychique*, Paris, éditions in Press, 2010.

KRISTEVA J. *As novas doenças da alma*. Rio de janeiro, Ed. Rocco, 1993.

LISPECTOR, C. *Para não esquecer*, Rio de Janeiro, Ed. Rocco, 1978.

MAHLER, M, *O nascimento psicológico da criança – simbiose e individuação*. Rio de Janeiro, Ed. Zahar, 1977.

MAIELLO S. (1991) *L'Oracolo, un Esplorazione alle Radia della Memorai Auditiva*, Analysis, Rivista interanzionale de psicoterapia clinica, Anno 2, n. 3, pp. 245-268, trad. Française: L'objet sonore. Hypothèse d'une mémoire auditive prénatale, Journal de la Psychanalyse de l'enfant, n. 20, pp. 40-67.

MARTINO, B. *Les Enfants de la Colline des Roses – Loczy, une Maison pour Grandir*. Paris, Éditions JCLattès, 2001.

MELTZER D., *L'Objet Esthétique*, em: Revue Française de Psychanalyse, n. 5, 1985.

MELTZOFF, A. *Forms of Intersubjetivity in Infant Research and Adult Treatment*, em: Beebe, B et al. New York, Other Press LLC, 2005.

MONTAGNER, H. *A árvore criança – uma nova abordagem do desenvolvimento da criança*, Lisboa, Instituto Piaget, 2009.

NADEL, J. *Imiter pour Grandir* – Développement du Bébé et de L'Enfant avec Autisme, Paris, Dunod, 2011.

SANDRI, R. (1991) *La Maman et Son Bébé – Un Regard*, Lyon, Césura Lyon edition, 2008.

SPITZ, R. *O primeiro ano de vida*, São Paulo, Ed. Martins Fontes, março de 1979.

STERN, D. *Diary of a Baby – What Your Child Sees, Feels, and Experiences*, New York, Basic Books, 1998.

TUSTIN, F. *Barreiras autísticas em pacientes neuróticos*, Porto Alegre, Ed. Artes Médicas, 1990.

_____ *Autisme et Psychose de l'Enfant*, Paris, Points Essais, 1977.

VILETE, E., *Sobre a Arte da Psicanálise*, cap. Regressão no processo analítico – a visão de Winnicott, São Paulo, Ed. Ideias & Letras, 2013.

WINNICOTT D. W., *Da pediatria à psicanálise*. Rio de Janeiro, Ed. Imago, 2000.

_____ *Natureza humana*, Rio de Janeiro, Ed. Imago, 1971.

_____ *Os bebês e suas mães*, São Paulo, Ed. Martins Fontes, 2002.

_____ *O ambiente e os processos de maturação – estudos sobre a teoria do desenvolvimento emocional*, Porto Alegre, Ed. Artmed, 1983.

https://www.giroscopio.tv/Virando-Gente

Esta obra foi composta em Sistema CTcP
Capa: Supremo 250g – Miolo: Couchê Brilho 90g
Impressão e acabamento
Gráfica e Editora Santuário